Clésinger 1868 - Juin - 5

VENTE

# CLÉSINGER

MARBRES, TERRES CUITES, BRONZES

LE 5 JUIN 1868

EXPOSITIONS :

PARTICULIÈRE . . . . . les 1 et 2 JUIN 1868

PUBLIQUE . . . . . . . les 3 et 4 JUIN 1868

Me Charles PILLET
COMMISSAIRE-PRISEUR
Rue Grange-Batelière, 10

M. HARO, peintre-expert
CHEVALIER DE LA LÉGION D'HONNEUR
Rue Visconti, 14, et rue Bonaparte, 20

1868

# INVITATION

A VISITER

# L'EXPOSITION PARTICULIÈRE

DES

**MARBRES, BRONZES, TERRES CUITES**

DE

# CLÉSINGER

PROVENANT

DE SES ATELIERS DE ROME ET DE PARIS

LES

1er et 2 juin 1868 de 1 à 5 heures

RUE DU HELDER, 19

CH. PILLET
COMMISSAIRE - PRISEUR

HARO
PEINTRE - EXPERT

VENTE

# CLÉSINGER

MARBRES, TERRES CUITES, BRONZES

**LE 5 JUIN 1868**

EXPOSITIONS :

PARTICULIÈRE. . . . les 1 et 2 JUIN 1868

PUBLIQUE. . . . . . . les 3 et 4 JUIN 1868


**Me Charles PILLET**
COMMISSAIRE-PRISEUR
Rue Grange-Batelière, 10

**M. HARO, peintre-expert**
CHEVALIER DE LA LÉGION D'HONNEUR
Rue Visconti, 14, et rue Bonaparte, 20


**1868**

## CONDITIONS DE LA VENTE

---

Elle sera faite au comptant.

Les acquéreurs payeront cinq pour cent en sus des enchères.

Les Expositions particulières et publiques mettant les amateurs à même de se renseigner sur l'état des objets, il ne sera admis aucune réclamation une fois l'adjudication prononcée.

---

CE CATALOGUE SE DISTRIBUE

A PARIS, CHEZ

| Me Charles **PILLET** | **M. HARO**, peintre-expert |
|---|---|
| COMMISSAIRE-PRISEUR | CHEVALIER DE LA LÉGION D'HONNEUR |
| Rue Grange-Batelière, 16 | Rue Visconti, 14, et rue Bonaparte, 20 |

A LONDRES.......... H. DURLACHER, 113, New Bond Street.

— .......... GOUPIL et Comp., Southampton Street Strand, 17.

A BRUXELLES........ Étienne LEROY, place du Grand-Sablon, 33.

A AMSTERDAM..... Roos, in het Huis der Hoolden.

A COLOGNE......... HEBERLÉ, marchand d'antiquités.

A BERLIN............ LEPKE, unter den Linden, 12.

A DRESDE............ ARNOLD, marchand d'estampes.

A FRANCFORT-SUR-MEIN............ A. BAER, place Schiller, 3.

A MUNICH............ MEILLINGER, marchand de tableaux.

A VIENNE............ Maison GOUPIL, représentant M. Kaeser.

A St-PÉTERSBOURG.. NEGRI père et fils.

# CATALOGUE

DES

MARBRES, BRONZES ET TERRES CUITES

DE

# CLÉSINGER

PROVENANT

DE SES ATELIERS DE ROME ET DE PARIS

dont la vente aura lieu

**19, RUE DU HELDER**

LE 5 JUIN A 2 HEURES

EXPOSITION { PARTICULIÈRE les 1 et 2 JUIN 1868
PUBLIQUE . . les 3 et 4 JUIN 1868

DE 1 HEURE A 5 HEURES

| Me Charles PILLET | M. HARO, peintre-expert |
|---|---|
| COMMISSAIRE-PRISEUR | CHEVALIER DE LA LÉGION D'HONNEUR |
| Rue Grange-Batelière, 10 | Rue Visconti, 14, et rue Bonaparte, 20 |

**1868**

# VENTE DE CLÉSINGER

# MARBRES, TERRES CUITES, BRONZES

Si les ventes de tableaux sont communes, les ventes de statues sont rares, surtout lorsqu'elles se composent des œuvres d'un seul artiste. Le statuaire, à moins d'être doué d'un tempérament exceptionnel comme Clésinger, et naturellement moins fécond que le peintre, et le fût-il, la dépense, le travail, le temps qu'exigent la réalisation de ses pensées diminuent le nombre de ses productions : et puis la sculpture est un art noble et sévère qui n'a d'autres sujets que les dieux, les héros ou l'homme idéalisé, et qui ne peut habiter que les temples, les palais, les jardins royaux et les riches demeures. Il faut pour l'aimer le goût du beau en lui-même, en dehors des séductions de la couleur, dans sa pureté abstraite et sa perfection éternelle. Son moyen d'expression est la forme savamment rhythmée, dégagée d'une matière dure et précieuse, avec un long et patient labeur.

En cela, elle ressemble beaucoup à la poésie, dont l'action est moindre que celle de la prose sur le public vulgaire; mais quand elle est faite par un maître, elle a cette beauté suprême, absolue, qu'on sent ne pouvoir être dépassée.

Il n'est pas besoin de vanter le talent de Clésinger; c'est un sculpteur de race, une nature originale et puissante, d'une fertilité inépuisable, d'une fougue étonnante d'exécution, et qui pourrait dire comme Puget : « Les marbres tremblent quand ils me sentent approcher. » Il a apporté dans cet art calme, un peu froid peut-être sous sa blancheur sereine, un mouvement, une ardeur et une palpitation de vie dont jusque-là on ne l'aurait pas cru capable, et ce résultat, il ne l'a pas obtenu en sacrifiant ou en altérant la pureté des formes et la correction des lignes. On n'a pas oublié *la Femme piquée par un serpent*, *la Bacchante se roulant sur des pampres*, et ces bustes d'une grâce si vivante et d'un travail si fin et si souple, où le marbre semblait obéir comme une cire molle au doigt de l'artiste. Sans avoir rien perdu de son charme, Clésinger, pour qui Rome est devenue comme une seconde patrie, a gagné en force, en élévation et en grandeur, et pour s'en convaincre, il suffit de jeter un coup d'œil sur les œuvres vraiment monumentales que sa vente renferme.

On éprouve en regardant le groupe colossal de *l'Ariane* montée sur son tigre une surprise d'admiration respectueuse, nous dirions presque religieuse. L'idée d'une force inéluctаble vous domine. Il n'y a rien là de l'agrément voluptueux de l'Ariane de Danecker qu'on montre à Francfort, reflétée de rose par un rideau de pourpre. C'est l'amante de Thésée maintenant l'épouse de Bacchus, une femme des grandes races héroïques et mythologiques, symbolisant désormais l'abondance, la fécondité, la force civilisatrice. Calme et fière, elle s'allonge, comme sur un lit de repos, sur le dos du tigre qui marche la tête basse, l'œil oblique, à la fois impatient et fier de son fardeau. D'une main elle écarte sa draperie, découvrant à moitié son beau corps; de l'autre, pleine d'épis et de grappes, elle s'appuie au crâne plat du monstre. Une de ses cuisses se relève ramenant la jambe repliée, et l'autre pied s'étend vers la croupe du tigre, continuant la belle ligne de l'attitude. Le torse, avec ses seins aigus, ses divisions accusées, ses grands plans, sa musculature puissante, ses chairs marmoréennes, d'où la force n'exclut pas la grâce et la séduction, rappelle le type de femme aimé de Michel-Ange. Cette Ariane est sœur de l'Aurore et de la Nuit si fièrement couchées, à Florence, sur les volutes du tombeau des Médicis. Comme elles, par sa beauté farouche et superbe, elle appartient à cette race de femmes titanesques des mondes primitifs, lorsque la terre encore jeune et pleine de séve produisait des êtres splendides et grandioses, dont l'espèce semble aujourd'hui perdue.

Si nous avons prononcé le nom de Michel-Ange, ne croyez à aucune imitation volontaire ou involontaire de la part de Clésinger. Il a fait une œuvre parfaitement libre et originale sortie de sa propre inspiration qui lui appartient bien tout entière ; mais, quand on cherche le sublime, il arrive souvent qu'on rencontre en route le vieux Buonarotti, et c'est un immense éloge pour un sculpteur, lorsque devant une de ses statues on pense à celui qui est pour l'ère moderne ce que fut Phidias pour l'ère antique.

Avec quel art ce bloc énorme du marbre le plus magnifique est-il fouillé, évidé, travaillé, assoupli sans rien perdre de sa solidité ! comme l'artiste est maître de sa matière et la dompte d'une main irrésistible ! Quelle tête noble et charmante que celle de l'Ariane ! quel beau corps, malgré ses muscles, et que cette force reste encore adorablement féminine ! Le grand tigre sans doute ramené de l'Inde par Dionysos dans son triomphe, de sa patte de marbre casserait les reins à tous les tigres vivants ; c'est un monstre admirable, à la fois idéal et vrai, bien fait pour porter cette fière maîtresse !

Quel effet magnifique produirait ce groupe superbe, plus colossal encore par la pensée et par l'exécution que par sa taille réelle, au bas de l'escalier d'un palais, dans le fond d'une serre, se détachant d'un rideau de plantes exotiques, devant la muraille verte d'une charmille en un jardin de villa princière, ou bien au péristyle d'un musée ! Clésinger n'a rien fait de plus beau, de plus fort, de plus magistral, et il existe peu d'œuvres dans la statuaire antique et moderne qu'on puisse opposer à cette Ariane.

La *Lucrèce mourante* est une œuvre de première importance taillée dans un marbre si pur qu'il ressemble à du jade et résonne comme une cloche quand on le frappe. Au reste, la figure était digne de cette matière sans défaut pour sa noblesse et sa chasteté. Lucrèce ne pouvant supporter la vie souillée d'une tache même involontaire vient de se frapper la poitrine d'un coup de poignard, et s'affaisse mourante sur un fauteuil. Une de ses mains, qui a laissé glisser l'arme, pend le long de son corps; l'autre, déjà inerte, s'étend sur le genou parmi les plis de la tunique. La tête penche en avant et montre sur des traits d'où la vie se retire une douleur plus morale encore que physique : rien de plus beau que cette figure où les langueurs de la mort se mêlent à l'expression d'un dessein énergique accompli La draperie pudiquement entr'ouverte découvre, vers la région du cœur, les lèvres béantes de la blessure, d'où sortent quelques gouttes de sang. Cette statue, dont le style diffère de celui de l'Ariane, prouve chez Clésinger une merveilleuse souplesse de talent et une grande variété de manière. Des galbes tourmentés de Renaissance et des outrances florentines il passe à la tranquille simplicite antique et reste toujours supérieur; en son genre la Lucrèce vaut l'Ariane; elle étonne peut-être moins, mais satisfait autant. Si ce charme étrange et séduisant de la femme associée au monstre, charme si bien compris des anciens, lui manque, elle a pour elle la noblesse, la pureté, la beauté calme, le grand style des draperies, l'abandon et le naturel de la pose, l'exécution parfaite, tout ce que la critique la plus difficile peut demander à une statue.

C'est aussi une œuvre digne de la statuaire antique que la *Sappho* pensive et debout sur le rocher de Leucade, méditant ce saut dans la mer qui guérit les passions malheureuses. La tradition veut que la poëtesse de Lesbos, surnommée la dixième Muse par les Grecs qui s'y connaissaient, ne fût pas jolie dans le sens rigoureux du mot. Clésinger s'est bien gardé de suivre la tradition, et il a fait Sappho très-belle, quitte à rendre les dédains de Phaon invraisemblables. D'une main elle tient sa lyre et laisse l'autre pendre le long de sa cuisse dans une attitude morne et découragée. Son amour, son talent, sa gloire ne lui ont servi à rien, et tout à l'heure son corps va rouler sous la vague marine. Cette figure demi-nue, demi-drapée, arrangée avec un goût charmant, est de l'exécution la plus séduisante.

Si le Berry, fier d'avoir produit et inspiré un des plus grands romanciers de notre époque, veut quelque jour dresser une statue à George Sand, elle est toute faite, et certes personne ne la fera mieux. Clésinger a représenté l'auteur de *Valentine* et de *Lélia* assise sur un fauteuil, enveloppée de cette draperie antique qui sauve à l'éternité des statues le ridicule d'une mode passagère. Une main tient la plume, l'autre le rouleau de papier emblème de l'écrivain. La tête, coiffée de bandeaux ondulés et renoués en torsade à la nuque, est d'une ressemblance qui frappe ceux même qui n'ont fait qu'entrevoir George Sand. C'est bien là son air d'absorption profonde, son regard de sphinx rêveur, sa bouche qui oublie de sourire, mais dont l'expression est bonne, et l'intensité d'attention intérieure dans laquelle souvent elle s'isole. L'artiste a un peu idéalisé, mais pas beaucoup, ce visage d'une beauté sérieuse et d'un calme presque surnaturel qui d'avance semblait preparé pour le marbre.

Clésinger n'est pas sculpteur d'animaux de profession; c'est peut-être pour cela qu'il les fait d'une façon si supérieure, car il les traite en artiste qui pratique la forme humaine, type de toute beauté, et il semble leur donner une âme. Quelle chose superbe que cette deuxième étude de *Taureau romain* exécutée en marbre antique! Quelle encolure puissante, quelle tête farouche, quel fanon magnifique, quels jarrets fins et nerveux! Tel devait être Jupiter lorsqu'il séduisit Europe et l'enleva sur son dos à travers les ondes écumantes de la mer. Un dieu caché habite cet animal sublime. Il pourrait être l'époux de cette vache de Myron si célèbre dans les temps antiques, en justifier l'amour d'une Pasiphaé.

*Le buste de Rachel*, exécuté d'après nature, en 1855, au moment où l'illustre actrice méditait son départ pour l'Amérique, n'est pas, malgré sa ressemblance, un simple portrait. C'est à la fois la tragédienne et la tragédie, Rachel et Melpomène; elle est représentée dans le rôle de Phèdre, celui où son génie jeta un éclat suprême et qui la consuma, sur l'autel de l'Art, comme une victime antique. Cette tête, modelée d'avance pour le marbre de la statue ou l'onyx du camée, avec sa noblesse délicate, ses plans d'une maigreur juvénile, son front impérieux surplombant un regard profond, son expression fatale et tragique, a été admirablement rendue par le statuaire. Un diadème ceint les cheveux ondés de Rachel, un collier de perles longues frissonne sur sa poitrine palpitante, que presse parmi les plis froissés du péplos un bras à la main petite, contractée et nerveuse. Clésinger, qui comprend si bien la femme, n'a pas manqué de donner à ce buste, d'un arrangement et d'un goût parfait, la grâce *vipérine* du modèle dont la séduction égalait au moins le génie. On peut dire de Rachel qu'elle fut incomprise comme femme. Son talent masquait sa beauté, une des plus rares, des plus délicieuses et des plus exquises qui furent jamais. Notre sculpteur n'était pas homme à s'y tromper : il l'a faite terrible, passionnée, tragique, mais charmante.

Disons aussi un mot du buste colossal en marbre de la Lucrèce qui reproduit la tête de la Lucrèce mourante que nous avons décrite, avec une ampleur grandiose et une fierté sans égale. Elles ne sont pas communes les œuvres qui n'ont pas besoin de leur effet d'ensemble et dont les morceaux gardent une beauté entière : la Lucrèce mourante est de celles-là. On la briserait que les fragments en seraient admirables et auraient leur signification et leur valeur. Ce buste fait comprendre toute la statue.

Personne ne conteste le talent de Clésinger pour représenter des déesses, des nymphes, des femmes, des héros et tous ces sujets où la mythologie fournit à la statuaire les occasions de nu dont elle a besoin pour déployer ses véritables ressources, mais on sait moins ce dont il est capable dans le style religieux. On ne doutera pas qu'il ne puisse décorer aussi bien une église chrétienne qu'un temple grec, en voyant ces trois bustes où il a rendu, en prêtant à une même tête trois expressions différentes, tout le grand drame de la Passion.

La première étude représente le Christ en buste avec des bras coupés, dont l'emmanchement indique l'extension sur la croix, et qui encadrent sa tête cerclée d'une couronne d'épines dont les pointes lui piquent le front. Un peu renversé en arrière dans une convulsion suprême, l'Homme-Dieu semble, de son dernier regard, demander aide à son Père céleste et crier cette lamentation sans réponse : *Eli*, *Eli*, *lamma Sabacthani*. — Ce buste a pour titre *le Dernier regard*. Le second s'appelle *le Dernier soupir*, et rarement la sculpture a rendu le visage de l'Homme-Dieu avec une expression plus touchante et plus sublime, rappelant cette magnifique fin d'hexamètre du poëte... *ponens caput expiravit*. La victime incline la tête sur l'épaule, le sacrifice est accompli et la nature vaincue se dérobe à la souffrance. Dans la troisième étude, nous voyons *le Christ mort*. Le Dieu a laissé l'homme sur la croix, oublieux de ce cadavre qui fait reculer la mort et que le sépulcre ne saura pas garder.

Il serait fâcheux que les actes de cette trilogie de marbre fussent séparés par les hasards de la vente, quoiqu'ils gardent isolément leur signification particulière, mais quand ils sont réunis il s'en dégage une poésie plus pénétrante. Outre le sentiment religieux qui les a inspirés, il faut admirer dans ces bustes une étonnante perfection de travail matériel. La couronne semble tressée avec de véritables branches d'épines; les cheveux sont souples; la barbe a une légèreté floconneuse qu'on est toujours surpris de trouver dans cette dure matière.

Sous cette désignation *le Sommeil*, qu'accompagne ce second titre un peu vague « la fille de Jupiter », car le Dieu aux noirs sourcils et à la chevelure ambroisienne eut une quantité innombrable de filles sans compter les fils, nous voyons une belle jeune femme endormie, du plus beau caractère antique et bien digne de descendre du maître de l'Olympe, quoique son extrait de naissance ne soit pas bien détaillé.

*La Femme à la rose* fait un charmant contraste avec le buste du *Sommeil*: c'est une beauté toute moderne, à la mine éveillée et piquante, aux abondants cheveux bouclés, dont les yeux et les lèvres sourient, et qui porte entre ses seins, d'une fraîcheur et d'une jeunesse à ne pas redouter la comparaison, un bouquet de roses faiblement teintées par un très-léger lavis de carmin. Dans ces bustes aimables et galants, qui sont en quelque sorte des pastels de marbre, Clésinger emploie de temps à autre ces imperceptibles colorations que ne dédaignaient pas les Grecs, et qui animent avec agrément la blancheur un peu crue du marbre neuf; il y met d'ailleurs une sobriété extrême, sachant l'aversion des Français pour la polychromie.

Un buste qui s'appelle *la Danseuse*, cela paraît singulier d'abord, — une danseuse sans les pieds, sans les jambes! — Oui, — et l'on voit parfaitement qu'elle danse au mouvement de la tête, à la flexion du col, à la palpitation de la poitrine; elle est coiffée, comme cette hôtesse syrienne dont parle Virgile, d'une espèce de mitre grecque, et une *strophia* à réseaux enferme à moitié sa gorge orgueilleuse. Rien de plus charmant que cette jeune tête folle qui s'enivre de rhythme et d'harmonie. On ne pouvait mieux sculpter l'extase de la danse.

*L'Automne* et *la Bacchante*, deux bustes, l'un couronné de pampres et l'autre de lierre, pourraient, s'ils étaient convenablement rouillés et enfouis quelque temps sous la terre, jouer à quelque faiseur de fouilles le même tour que *l'Amour* de Michel Ange joua à un cardinal qui le prit pour un antique, et ne put revenir de son erreur que lorsque le sculpteur rajusta à la statue le bras qui lui manquait et qu'il avait gardé.

Nous avons dit que le talent de Clésinger était d'une rare souplesse, et rien ne le prouve mieux que cette tête de Charlotte Corday, si fière, si chaste et si résolue. Dans ce front pensif qui s'incline un peu en avant, on sent l'implacabilité de l'idée fixe. C'est bien celle que Lamartine appelait l'*Ange de l'assassinat*.

*La Judith*, cette autre héroïne sanglante, figure aussi en buste dans la collection, surchargée d'une bizarre parure orientale. Mais si Clésinger l'a faite riche, il ne l'a pas faite moins belle pour cela, évitant le reproche d'Apelles à ce peintre grec auteur d'une *Hélène* plus pourvue d'ornements que d'attraits. — Le caractère hébraïque est merveilleusement compris dans ce masque d'une beauté cruelle mais séduisante, où la perfidie semble un charme de plus.

Mentionnons aussi *l'Albanaise* et *la Femme d'Ischia*, deux types superbes purement taillés dans deux beaux blocs de marbre de Carrare.

C'est une fantaisie singulière que *la Chouette et la Tortue!* L'oiseau de Minerve, roulant ses yeux ronds entourés d'une auréole de plumes et dressant ses aigrettes semblables à des oreilles de chat, est perché d'un air grave et maussade sur la carapace de l'animal tardigrade. Ce qui n'empêche pas la chouette d'être un oiseau très-sagace, aimé d'une déesse et l'emblème de la ville d'Athènes, et la tortue, quoiqu'elle marche à pas lents, d'avoir fourni son écaille à la première lyre. Quel que soit le sens qu'on y attribue, le groupe de ces deux bêtes n'en est pas moins très-spirituel et très-original et d'un caprice amusant où l'art ne perd pas ses droits. Barye signerait cette chouette et cette tortue.

Il semble qu'en modelant ce buste d'une expression si intense qu'il appelle *la Tragédie*, l'auteur ait pensé à la *Médée* d'Eugène Delacroix. On retrouve dans le type du buste le profil de la magicienne, et cette transposition de la peinture à la sculpture est vraiment curieuse à étudier. Les moyens sont si différents que l'originalité du buste n'en souffre pas.

Les bustes du roi Jérôme, du prince Napoléon, sont d'une exacte ressemblance et d'une grande beauté; celui du roi Jérôme rappelle un buste de César romain, et dans la salle des antiques, sur une demi-colonne de brèche jaune ou violette, il ne se distinguerait pas des autres. Ledru-Rollin, Alfred de Dreux et Clésinger par lui-même sont des morceaux très-remarquables.

Nous arrivons maintenant aux terres cuites et aux bronzes, dont la plupart ne demandent pas de descriptions spéciales, étant en grande partie des reproductions des originaux en marbre; reproductions des plus intéressantes et qui, avant de passer au feu, ont reçu dans leur molle argile le coup de pouce du statuaire. Mais nous devons citer *la Paix*, magnifique groupe d'après l'esquisse présentée à l'Empereur en 1866; un superbe buste de César dans le goût antique comme on le comprenait sous la Renaissance; un buste de Sa Sainteté le pape Pie IX, exécuté par Clésinger, retouché et fini par le cardinal Antonelli, qui a voulu mettre sur cette belle œuvre d'art l'authentique signature de la ressemblance. Quant au buste de Napoléon III, Clésinger, nous devons l'avouer, n'a été aidé par aucun ministre, mais l'auguste image n'a rien perdu pour cela, et ce buste est le plus beau portrait de l'Empereur que la statuaire ait produit.

On voit que nous n'avions pas tort de dire, en commençant ces lignes, que la vente de Clésinger n'était pas une vente ordinaire.

C'est là pour les adorateurs de la statuaire, ce bel art si magnifiquement décoratif et si royalement luxueux, une occasion, qui peut ne pas se représenter de longtemps, d'acquérir pour leurs palais, leurs châteaux, leurs villas, quelqu'un de ces nobles groupes dignes des musées les plus sévèrement choisis, de ces délicieux bustes de femme qui seraient l'ornement, la grâce et le sourire d'une bibliothèque, d'un cabinet d'étude, d'une salle de bains, d'une serre de fleurs rares continuant un salon; de ces terres cuites et de ces bronzes qui gardent empreint le cachet de l'artiste comme l'œuvre originale.

Quelle haute élégance le marbre donne tout de suite à une demeure! Il y a des tableaux partout, bons, médiocres ou mauvais; mais une statue, un buste d'art est une rareté qui ne se rencontre que chez les plus riches, les plus délicats, les plus intelligents. La statuaire, quand elle confie ses rêves de beauté au marbre et au bronze, n'a rien à redouter des tapisseries splendides, des dorures brillantes, des meubles incrustés; elle règne partout en souveraine et s'associe à tous les luxes, qu'elle domine; l'âge ne peut rien sur elle, et lorsque les tableaux des maîtres s'évanouissent sous la lente fumée du temps, elle reste toujours jeune, toujours belle, et regarde passer les siècles du haut de son piédestal; il faut la barbarie volontaire de l'homme pour la détruire. Apelles n'est plus qu'un nom, son œuvre a disparu; mais les figures détachées du Parthénon par lord Elgin ont conservé la gloire de Phidias.

Cette réunion de groupes, de statues, de bustes en marbre, de terres cuites et de bronzes, tous portant la signature d'un maître illustre, est dans le monde de l'art, nous ne craignons pas de le dire, un grand événement; il y a rarement, même aux plus belles époques, une telle conjonction de chefs-d'œuvre.

THÉOPHILE GAUTIER.

# MARBRES

## 1. — Triomphe d'Ariane.

Groupe colossal (hauteur de 2m,75 cent., largeur de 3 mètres), en marbre de Carrare.

Ce groupe, exécuté à Rome de 1860 à 1867, représente l'Ariane indienne, femme de Bacchus, déesse de l'abondance, le corps entièrement allongé sur un tigre ; elle retient de la main gauche les plis d'une ample draperie ; la main droite, appuyée sur la tête de l'animal, tient une gerbe d'épis. La tête, tournée de trois quarts, est couronnée de pampres.

## 2. — Mort de Lucrèce 15,600 fr.

Statue colossale (largeur de 3 mètres, hauteur de 2 mètres), en marbre de Carrare dit Grestola.

Cette statue, exécutée à Rome de 1863 à 1867, représente Lucrèce assise, affaissée, mourante ; ses vêtements entr'ouverts laissent voir la blessure du poignard que sa main déjà raidie vient de laisser échapper. La physionomie est empreinte d'une expression douloureuse, dernier symptôme de la vie.

## 3. — George Sand. 3,500.

Statue colossale, en marbre de Carrare, faite de 1858 à 1860.

Ce portrait est exécuté dans le style antique, sobre de tout ornement. La chevelure est retenue par une épaisse torsade sur la nuque ; les plis, d'une draperie sévère, ne découvrent que les extrémités, laissées nues. La main droite, appuyée sur le siége, tient la plume ; dans la main gauche, reposant moelleusement sur le corps, est roulé le feuillet emblématique de l'illustre écrivain.

## 4. — Taureau romain.

Deuxième étude.

En marbre antique (1 mètre de long, 1 mètre de hauteur). La première étude a été achetée précédemment par S. M. l'Empereur et placée au pied d'un des escaliers des Tuileries.

## 5. — Sappho.

Statue demi-nature, en marbre de Carrare dit Grestola. Hauteur 95 centimètres, largeur 45 centimètres à sa base.)

Cette statue, exécutée à Paris en 1867, représente le moment où elle se jette dans les flots.

## 6. — Buste de Rachel.

Grandeur nature, en marbre de Grestola.

Le modèle de ce buste fut exécuté d'après nature en 1855, au moment du départ pour l'Amérique de l'illustre tragédienne. Elle y est représentée dans *Phèdre*.

7. — **Buste de Lucrèce.** 1900 fr.

Buste colossal en marbre grec.

Tête de la statue de Lucrèce mourante.

8. — **Tête de Christ.** 1500.

Première étude.

Buste grandeur nature, marbre de Carrare.

Le Dernier regard de l'Homme-Dieu.

9. — **Tête de Christ.** 3,000.

Deuxième étude.

Buste grandeur nature, marbre de Carrare.

Le Dernier Soupir.

## 10. — Tête de Christ.

Troisième étude.

Buste de grandeur nature, marbre de Carrare.

LE CHRIST MORT.

## 11. — Le Sommeil.

Fille de Jupiter.

Buste grandeur nature, marbre de Carrare.

## 12. — La Danseuse.

Buste grandeur nature, marbre de Carrare dit Grestola.

13. — La Femme à la Rose. 8,000 fr.

Buste grandeur nature, marbre de Carrare, cheveux bouclés, touffes de roses au corsage.

14. — La Sappho. 1800

Buste grandeur nature, marbre de Carrare dit Grestola.

15. — L'Automne. 3,000.

Buste, marbre de Carrare, grandeur nature.

JEUNE FEMME COURONNÉE DE PAMPRES.

16. — La Bacchante. 1,720.

Buste grandeur nature, marbre de Carrare.

17. — Buste de Charlotte Corday.

Nouvelle étude, grandeur nature, marbre grec.

18. — Judith.

Buste grandeur nature, marbre de Carrare.

19. — Jeanne d'Arc.

Buste grandeur nature, marbre de Carrare.

20. — Chouette et Tortue.

Allégorie, marbre de Carrare dit Grestola.

21. — L'Albanaise.

Type romain.

Buste grandeur nature, en marbre de Carrare.

22 — La Femme d'Ischia.

Type de la grande Grèce.

Buste grandeur nature, en marbre de Carrare.

23. — La Tragédie.

Buste d'après nature.

Étude grandeur nature, en marbre de Carrare.

24. — Ledru-Rollin.

Buste colossal, en marbre de Carrare (1848).

## 25. — Alfred de Dreux.

Buste grandeur nature, en marbre de Carrare (1847)

## 26. — Clésinger.

Étude en marbre exécutée en 1848.

## 27. — Le Roi Jérôme.

Étude en marbre de Carrare (1849).

## 28. — Le Prince Napoléon.

Étude en marbre de Carrare (1849).

---

# TERRES CUITES

29. — La Paix.

Esquisse terre cuite quart nature.

Groupe allégorique d'après l'esquisse présentée à S. M. l'Empereur en 1866.

30. — L'Ariane.

Buste terre cuite, grandeur nature.

31. — Bacchante.

Étude terre cuite, grandeur nature.

32. — La Femme à la Rose.

Buste terre cuite, grandeur nature.

33. — La Femme au Lierre.

Buste terre cuite, grandeur nature.

34. — Léda.

Groupe terre cuite, grandeur tiers nature.

**35. — César.**

Buste terre cuite, grandeur nature.

**36. — Sa Sainteté le pape Pie IX.**

Buste grandeur nature.

Exécuté par Clésinger, retouché et fini par S. E. le cardinal Antonelli (1867).

**37. — Napoléon III.**

Buste terre cuite, grandeur nature.

---

# BRONZES

38. — Lucrèce Mourante.

Demi-nature.

39. — Tète de Christ.

Grandeur naturelle.

40. — Combat de Taureaux romains.

41. — Léda et le Cygne.

L'original en marbre est à Fontainebleau.

Paris. — Typographie E. Panckoucke et Ce, quai Voltaire, 13.

www.ingramcontent.com/pod-product-compliance
Lightning Source LLC
LaVergne TN
LVHW020305230826
846091LV00006B/2530